ÉTUDES SUR LE LOT.

Cahors: imp. de Mme Ve RICHARD.

DESCRIPTION (1)

DU SAINT SUAIRE

QUI FUT MIS SUR LA TÊTE

DE JÉSUS CHRIST

APRÈS SA MORT, VULGAIREMENT APPELÉ

LA SAINTE COËFFE,

Lequel est conservé avec grande vénération dans l'Église Cathédrale de Caors,

par le Pere Dom **BRUNO MALVESIN**,

Religieux Profès de la Chartreuse de Caors.

1708.

PRÉFACE. (2)

Il y a déjà quelque tems que feu M. Dominicy mort professeur en l'université de Bourges fit un livre fort scavant qui traita du Saint Suaire qui fut mis sur la tête

---

(1) Deux exemplaires de cette notice existaient autrefois dans la bibliothèque de la Chartreuse de Cahors. Nous en possédons un troisième manuscrit, à la suite de l'ouvrage imprimé de DOMI-NICY, qui sera mentionné plus tard. Constatons actuellement que voulant conserver l'œuvre de Malvesin, nous avons dû respecter son orthographe.

(2) Cette préface était en tête de l'un des exemplaires des Chartreux, elle est à la suite du nôtre, et nous avons cru devoir lui restituer sa place.

de J.-C. (1) mais comme cet ouvrage est en latin j'ay cru faire plaisir à ceux qui n'entend pas cette langue de mettre icy en françois ce qu'on peut dire de plus remarquable de cette Sacrée relique , en retranchant en même tems beaucoup de choses superflues que cet docteur a mises pour grossir son livre. J'y ay ajouté pourtant quelques particularités qui n'étoient pas venües à la connoissance de cet historien et que le lecteur ne trouvera pas inutiles.

A Monsieur Dadine de Salvezou ancien Chanoine de l'église Catédrale de Caors.

Monsieur,

l'Eglise Catédrale de Caors étoit d'un tems immémorial en possession du Süaire qui fut sur la tête de Notre Divin Sauveur après sa mort, quand sur la fin du pénultième siècle cette ville étant prise lors qu'on y pensoit le moins par les huguenots ; ces ennemis de notre religion profanèrent tout ce qu'il y avoit dans nos églises de plus digne de respect et de vénération après avoir enlevé ce qu'il y avoit de plus précieux.

Il n'y eut Monsieur dans ce grand désordre que le St.-Süaire que M. Dadine votre bisayeul sauva des mains de ces impies et par une espèce de miracle ce Sacré linge le sauva aussi luy même. Car étant prisonnier de guerre, après l'avoir mis sur la poitrine comme une forte cuirasse,

---

(1) Voici le titre de cet écrit, petit in 4º de 92 pages. MARCI ANTONII DOMINICY CADURCENSIS IC. DE SUDARIO CAPITIS CHRISTI LIBER SINGULARIS.
CADURCI, TYPIS ANDREÆ ROUSSAEI, *Regis, episc. civit. et acad. cad. typ.*   *Sub signo solis.*   M. DC. XL.

il évada de sa prison : et passa hardiment avec cette seule deffence à travers une multitude de soldats qui faisoient la garde à la porte de la ville, sans reçevoir aucune blessure.

Si Monsieur nous sommes redevables à un de vos ancêtres de ce précieux trésor nous ne le sommes pas moins au zèle que vous avez depuis longtems pour l'embellissement de la chapelle où on le conserve fort religieusement, laquelle vous avez rendue aujourd'hui par vos soins une des plus belles et des plus propres de la province. Ce qui me fait espérer que vous ne mépriserés pas cette petite description que vous présente celui qui est avec respect (1) Monsieur, votre etc.

F. Bruno MALVESIN. RLX.

Prof. de la Ch. de Caors.

---

(1) La famille Dadine de Hauteserre, parmi les membres de laquelle on compte le savant ANTOINE, auteur *Rerum Aquitanicarum*, *libri quinque*, in 4°, *Tolosæ* 1648, conserva toujours un pieux et reconnaissant souvenir du fait que cette lettre indique, et dont le récit suivra bientôt. A l'entrée de la chapelle du Saint Suaire est la tombe de ce Chanoine Dadine Hauteserre et nous lisons sur le marbre tumulaire, trop malheureusement foulé aux pieds par les passans, l'inscription suivante :

IIIC IACET IOANNES BAPTISTA DADINE D'HAVTESERRE DOMINVS DE SALVEZOV HVIVS ECCLESIÆ CANONICVS. VIR SPECTATÆ VIRTVTIS, MIRA MORVM INNOCENTIA AC SVAVITATE COMMENDABILIS. HVIVS SACELLI ORNANDI AC PROMOVENDI CVLTVS SVDARII CHRISTI MAXIMÈ STVDIOSVS. IN ALENDIS PAVPERIBVS TOTVS SEMPER FVIT OMNI CVRA OMNI COGITATIONE OMNI BENIGNITATE. EFFVSE LARGEQVE DONAVIT. AMICOS ET EGENOS SŒPE AC SPLENDIDE ACCEPIT EPVLIS; ASPERA TAMEN IN VICTV SVO SEMPER ELVXIT ABSTINENTIA. OBIIT DIE NONA IVLII ANNO CHRISTI MDCCXI ÆT. CIRCITER LXXX,

(6)

Description du S^t.–Suaire qui etc.

La foy de la plus part de ceux qui suivoient Jésus Christ pour écouter la divine parole étoit si chancelante que bien qu'il eut dit diverses fois qu'il réssusciteroit le troisième jour, il ne fut pas plutôt mort qu'ils embaumerent son corps comme s'il eut dû se corrompre, l'envelopant de plusieurs linges pour empecher que les aromates dont on l'avoit oint ne s'écoulassent, et ne perdissent leur vertu et leur force.

Saint–Jean dans son évangile fait mention de ces divers linges disant que St.–Pierre qui entra dans le sépulcre après la résurection de Notre Divin Sauveur vit à terre les linges dont on l'avoit envelopé, et dans un endroit à part le Suaire qui avoit été mis sur sa tête. *Vidit* etc. Joan. Cap. 20.

Ce Sacré Suaire vulgairement apelé la Sainte Coëffe est conservé d'un tems immémorial avec une grande vénération dans l'église Catédrale de Caors, et laquelle selon beaucoup de conjectures Charlemagne en avoit fait présent. (1)

---

(1) Cette croyance que Charlemagne avait donné le Suaire à la Cathédrale de Cahors est ancienne et fut longtemps incontestée; mais les études consciencieuses de Dominicy, de MM. Lacoste, le Chanoine Montaigne, et autres pieux antiquaires du Quercy, établissent des doutes très graves sur la date et l'origine de cette possession. En tout cas il est positif que la Cathédrale avait cette relique en 1119, époque de la consécration de l'autel par le Pape Calixte II.

Les Chartreux de cette ville ont l'avantage d'avoir un petit échantillon de ce Sacré linge lequel ils trouvèrent en prenant possession de la maison qui avoit été autrefois aux templiers, parmi les autres reliques de leur église lesquelles sont très considérables, comme une des épines (dont le Sauveur fut couronné), un morceau de la vraye croix, des os et vetemens de plusieurs apotres. etc.

La figure de cette précieuse relique est presque semblable à une calotte à oreilletes, elle a onze pouces de longueur, et six et demi de large à prendre depuis le derriere jusques au bord qui venait à coté des joues.

Cette Ste. Coëffe est en trois doubles, (1) les pièces de dessus et de dessous sont d'une toile extremement fine qu'on dit être de lin d'Egypte. Celle qui est entre deux est de coton et est plus grossiere, elle paroit en quelques endroits à cause que la pièce de dessus s'est un peu usée à force de luy faire toucher des chapelets ou d'autres choses de dévotion. (2)

---

(1) M. le Chanoine MONTAIGNE dans sa *Notice historique sur la Ste Coiffe*, Cahors, 1844, affirme que: *il y a huit doubles bien distincts, et de quatre tissures différentes.* Il explique très bien les circonstances décisives de son appréciation. L'erreur était facile, il y a eu des morceaux enlevés ; et en effet dom Bruno constate que les Chartreux possédaient suivant sa naïve expression: *un petit échantillon etc.* L'ancienne abbaye de Figeac affîmait tenir de PEPIN *le bref*, une parcelle *de Sudario capitis.* Flosc. fig. p. 13.

(2) F. CHAMPOLION examina attentivement la relique, et déclara que le tissu et la forme révélaient les premiers siècles du christianisme, et l'orient ; il ajouta: *Si ce Suaire n'est pas celui qu'on dit, il est au moins de la même époque.* Vid. Montaigne.

Tout le bord est entouré de trois rangs de points de fil et fort artistement travaillés, et depuis la partie qui couvroit le plus haut du front jusques à celle qui alloit à la nuque du col, il y a au dessus un petit gallon qui couvre la couture qui joint les pièces qui sont de chaque côté.

Au bout du coté droit il y a un petit bouton et à celuy du coté gauche une petite gance en forme de boutoniere, ce qui servoit pour l'attacher au dessous du menton. Il y a des pieux auteurs qui prétendent que c'est un ouvrage que la Ste-Vierge avoit fait elle-même sachant que son fils devoit mourir ignominieusement pour le salut du genre humain.

Ce Sacré linge a perdu avec le tems sa couleur naturelle; elle est présentement d'un gris tirant sur le jaune, ou pour mieux dire de la couleur d'un linge enfumé; les aromates que l'on mit sur la tête de J. C. peuvent aussi avoir beaucoup contribué à luy faire changer de couleur.

Il reste encore sur ce St.-Suaire cinq taches de sang ; deux en dehors du coté gauche vers l'extrémité, dont l'une est de la grandeur d'une pièce de trente sols, et l'autre qui est sur le bord du devant n'est pas plus grande que la moitié d'un petit denier, les autres trois sont en dedans du coté droit un peu au dessus des orcilles à l'endroit ou touchoit la couronne d'épines. Elles sont grandes comme un denier. (1)

---

(1) Le 8 mars 1839, MM. Lacombe, médecin, et Lacombe, pharmacien, procédèrent à l'examen de ces taches, en présence de MM.

On a remarqué diverses fois que quand Dieu veut affliger la ville de Caors par quelque fléau soit de peste ou de guerre , que ces marques de notre rédemption paroissent beaucoup plus rouges qu'à l'ordinaire.

Tous les samedis après vèpres on expose sur l'autel de la chapelle la chasse d'argent dans laquelle cette précieuse relique est renfermée ; que l'on peut voir néamoins à travers un grand cristal. Et les Chanoines vont en corps chanter le verset et l'oraison propre. On la porte aussi diverses fois l'année dans les processions générales.

Tous les ans les trois jours de la Pentecote on la montre avec une grande solemnité à une infinité de peuple qui vient exprès à Caors pour la voir et parcequ'en ce tems là les Curés de la campagne n'y peuvent assister ; pour satisifaire à leur dévotion , on leur en fait la montre avec les mêmes cérémonies le jour du Sinode , lorsqu'on en tient.

Dieu opéra souvent des miracles envers ceux qui ont la dévotion de voir ou de toucher cette sacrée relique : obtenant la guérisson de leurs maladies et principalement s'ils sont incommodés de la veue.

La ville de Caors étant prise le 27 may 1780 (2) par les huguenots, toutes les églises furent pillées. Un simple

---

Montaigne, Floras et Domergue, chanoines. Leur opération chimique conduit à la conclusion que ce sont des taches de sang.

(2) On sait que cette expédition hardie fut conçue et dirigée par le jeune roi de Navarre, depuis, Henri IV. Il fut plusieurs fois blessé durant la périlleuse lutte de cinq jours et cinq nuits, que

soldat qui s'étoit saisi de la chasse d'argent où ce sacré linge étoit enfermé, ne sachant ce que c'étoit le jetta à terre. Mais une vieille fèmme en balayant le trouva par hazard et le reconut. Elle le fit tenir pour une plus grande sûreté à M. Dadines qui étoit prisonnier de guerre dans la maison de M. le grand Archidiacre, lequel eut d'adord tant de confiance en cette précieuse relique que l'ayant mise sur sa poitrine il se sauva de prison, et passa par une espèce de miracle à travers un grand nombre de soldats qui faisoient la garde à la porte de la ville sans être apperçu de personne. (1)

---

lui imposa le courage des habitants si dignement guidés par leur vaillant gouverneur et sénéchal, JEAN DE VEZINS. Constatons avec bonheur que cette noble conduite de notre compatriote, reçut une belle récompense: il fut continué dans ces fonctions qu'il avait si dignement remplies ; et le 27 janvier 1581 le duc d'Alençon, frère du roi annonçant de Cadillac à Jean de Vezins, la restitution de la ville de Cahors, lui disait avec affection: *Votre bon ami François etc.* La reine Marguerite de Valois, prenait aussi en lui écrivant le titre de *Sa meilleure amie*. La carrière de Jean de Vezins est encore marquée par un acte qui suffirait seul pour l'illustrer. Au premier moment du massacre de la Saint-Barthélemy à Paris, Vezins courut chez *Raignés*, protestant, son compatriote et ennemi : il le déroba au fer des assassins et le conduisit en Quercy, où il lui proposa de vider en liberté leur querelle. Ce fait dénaturé par SULLY, a été rétabli par DETHOU, LAVAYSSIÈRE, etc., etc., etc.

(1) DOMINICY raconte ainsi ce fait :

Ita se res habet: expilato sancti Sudarii sacello, ubi Reliquiæ thecis inclusæ, duobus loculis asservabantur, dirept fuit illa, in quâ Sudarium reconditum erat. Fuit hæc præda Gregarii militis, qui ne sibi auferetur seorsùm à sacello, quid copiatus esset inspiciens, manu in thecam immissâ stylum quasi calicis abduxit, super quem globulus argenteus assidebat, et super ipsum, Sudarium ut formam retineret: abjicit is sacrum hoc linteum, ultrò progre-

Quand les huguenots eurent évacué la ville de Caors, M. Dadines remit ce Sacré dépôt entre les mains de messieurs les Chanoines de l'église Catédrale, lesquels

---

diens, ut in secessu tutius præda potiri posset: colligit hoc quædam Anicula, dum scopis quisquilias et pulverem verreret. Intereà unus ex præcipuis civibus Hieronimus DADINUS et alter VIGERIUS nomine, quasi legitimo bello capti sub præsidio vice-comitis DE GORDON, in ædibus Archidiaconi majoris detinebantur. Adiit illos incola civitatis nomine PATRISSOU nuntiatque libertatem de quâ adhuc incertus erat. Adest inquit anicula quæ Sudarium Christi humì prostratum reperit, cupitque ipsa condictâ mercede, se hoc pignore liberare, ut ab alio possit tutiùs asservari: mox illi de libertate recuperandâ confisi, rogant dictum incolam ut cum ipsâ conveniat, petit ipsa duos frumenti quartuarios. Indicat Dadinus locum, in quo adhuc parvulus frumenti acervus ei supererat. Condictam recipit illam quantitatem, et mox Sudarium tradit. Offertur è vestigio captivis, qui mox de fugâ solliciti, accito servo Dadini, qui dicebatur FROMEN discendi consilium aperiunt. Is Oltum transmeandi, circâ Pontem Novum, à parte monasterii Beatæ Mariæ Deauratæ domino suo mentem proponens, accurrit subitò ad portum ubi navigia erant applicata, præstòque lintrem parat. Subsequuntur Dadinus et Vigerius, invisi custodes prætergrediuntur, ad primam pontis accedentes portam, excubias et omnem militum stationem inter se colluctantium inveniunt, prosiliunt subitò, lintremque à servo paratum concendentes, Oltum feliciter transmeant. De fugâ illorum paulò post inquiritur, et nullus est qui adverterit. Interìm illi confugiunt ad domum quam Dadinus habebat in loco *Del Cayran:* cùmque se tanti pignoris indignos custodes existimarent, Luzechium se conferunt, et inter manus Archidiaconi de Tornesio ibi commorantis, acceptum beneficium confitentes illud deponunt. Undè ab ipso restitutâ habitatoribus civitate in pristinum locum reportatum decretumque à venerabili capitulo, ut aniculæ quæ primùm illud servaverat quamdiù viveret penderet annona. Rem ita gestam Dominus DE HAUTESERRE, in præfecturâ Cadurcorum quæsitor, uti à patre Dadino Hieronimo sibi commendatum fuerat enunciavit; et sic ab antiquioribus affirmari apud nos in confesso.

La maison de l'archidiacre était au dessous du *Portail au vent*, récemment démoli; et Dominicy écrivait soixante ans après l'évènement, raconté par M. Dadine et par les contemporains.

cinq ans après firent faire une autre chasse d'argent enrichie de pierres précieuses avec cette inscription :

SANCTUM CAPITIS DOMINI NOSTRI J. C. SUDARIUM URBE AB HUGUENOTIS PERDUELLIBUS CAPTA ET ECLESIÆ CEIMELIO DIREPTO 4 KAL. IUNII ANNO 1580 DIVINITUS CONSERVATUM, ANTONIO SANSULPITIO EPISCOPO ET COMITI CADURCENSI CANONICI ARCULA CONDEBANT ARGENTEA. ANNO 1585. (1)

L'autel de la chapelle où l'on tient cette précieuse relique avoit été consacré par le pape Calixte second. Mais le vicomte de Gourdon qui gouvernoit dans Caors après que cette ville fut prise, le fit porter à son chateau de Cénevières où il le fit mettre dans un cabinet de verdure de son jardin pour servir de table.

Quelques chanoines étant allés en 1628 à Cénevières virent cet autel avec cette inscription au devant : *Dedicavit altare capitis Christi Sudarii* CALIXTUS II. *Pont. Max. 6 kal. Aug. An. 1119.* Ce qui s'accorde avec ce qui se lisoit autrefois dans un vieux martirologe de l'église catédrale de Caors en beaux caractères : *6 kal. Aug. Consecratio Maj. Altaris et Altaris S. Sudarii ;* comme on eut fait remarquer cette inscription au vicomte de Gourdon, laquelle on eut bien de la peine à dechiffrer, il fit couper cet autel en deux pièces ; de l'une il en fit faire un grand bassin et l'autre demeura imparfaite.

---

(1) En 1791 Mgr. Danglars, évêque constitutionnel du Lot, cacha le St. Suaire qu'il rendit à la Cathédrale de Cahors après le concordat de 1801.

Le vicomte de Gourdon avait encore fait enlever le grand autel de l'église Catédrale qui était pareillement de marbre et avoit été consacré de même par le Pape Calixte II. Mais en le portant à Cénevières sur des bateaux qu'on avoit joints ensemble, il tomba dans un gouffre de la rivière du Lot, d'où on ne peut jamais le retirer. (1).

Tiré d'un M. S. de la Chartreuse.

POUR COPIE. F. A. C.

On nous pardonnera encore quelques mots sur cette famille Dadine d'Hauteserre qui se rattache par de bien honorables souvenirs à l'histoire de Cahors.

L'homme oublie si vite!..

Né à Cahors, en 1602, ANTOINE fit ses études dans cette ville et plus tard se créa une position brillante au barreau de Toulouse. Le Capitole et l'Université demandèrent sa nomination à une chaire de droit qu'il accepta et qu'il occupa avec distinction. Ses écrits l'avaient dès longtemps signalé à l'attention et à l'estime de l'Europe savante et religieuse.

FRANÇOIS de Hauteserre, frère du précédent, fut comme lui puissant par le savoir et par ses heureuses qualités. Nommé professeur de droit à l'université de Poitiers, François reçut aussi la récompense indiquée par

---

(1) Certains écrivains du Quercy disent que le gouffre dans lequel tomba cet autel, est près de *Galessies*.

la conscience publique ; et il en fut digne. Plus jeune qu'Antoine, il mourut prématurément en 1662, et les ouvrages sortis de sa plume ont d'après plusieurs hommes de goût, *un style plus élevé, une latinité plus pure, une érudition peut-être plus étendue,* que ceux de son frère.

Voici le relevé des écrits des deux Dadine de Hauteserre :

ANTOINE.

De Ducibus et Comitibus provincialibus Galliæ libri tres, quibus accedit liber singularis de origine et statu feudorum pro moribus Galliæ, in 4°, *Tolosæ,* 1643.

Rerum Aquitanicarum libri quinque, in 4°, *Tolosæ,* 1648.

Dissertationum juris canonici libri quatuor, in 4°, *Tolosæ,* 1651.

Dissertationum juris canonici liber quintus et sextus, de Parochiis, deque officio et potestate Parochi, in 4°, *Tolosæ,* 1654.

De fictionibus juris tractatus quinque, quibus accessit solemnis prælectio ad L. cum societas., §. *Pro socio.,* in 4°, *Parisiis,* 1664.

Brevis et enucleata expositio in Institutionum Justiniani libros quatuor, in 4°, *Tolosæ,* 1664.

*Commentarius perpetuus in singulas decretales Inno-
centii* III, *quæ per libros* V *decretalium sparsæ sunt*, in
Fol., *Lutetiæ Parisiorum*, 1666.

Notæ et observationes in XII *libros epistolarum B.
Gregorii Papæ, hujus nomine* I, *cognomine Magni*, in
4°, *Tolosæ*, 1669.

Asecticon sivè originum rei Monasticæ libri decem, in
4°, *Parisiis*, 1674.

Recitationes quotidianæ in Claudii Triphonini libros
XXI, *Disputationum et varios partes Digestorum et Co-
dicis, tomis* V *distinctæ*, *Tolosæ*, 1679.

Notæ et observationes in X *libros historiæ Franco-
rum, B. Gregorii Turonensis episcopi et supplementum
Fredegarii*, in 4°, *Tolosæ*, 1679.

*Notæ et observationes in Anastasium de ritis Roma-
norum Pontificum*, in 4°, *Parisiis*, 1680.

*In libros Clementinarum commentarii quibus accessere
sex prælectiones habitæ pro instaurandis scholis*, 1680.

*Ecclesiasticæ jurisdictionis vindiciæ adversus Caroli
Fevreti et aliorum tractatus de abusu susceptæ.* Opus
posthumum, *Parisiis*, 1703.

*Commentarius perpetuus in singulas decretales Alexan-
dri* III, *Pontif. Max., quæ libris* V, *decretalium Gregorii*
IX *continentur.* Opus non editum.

FRANÇOIS.

Notæ et animadversiones ad indiculos ecclesiasticorum canonum Fulgentii Ferrandi, Carthaginensis ecclesiæ diaconi, Cræsonii, Affric. Cahors, 1625.

La piété des Eglises d'Orient à l'honneur de la conception de la Très-Sainte et Très-Glorieuse Vierge, protectrice de la France. Poitiers, 1651.

Decisiones illustrium controversiarum majestatis et imperii, jurisque publici summorum Pontificum.

Quelques pièces fugitives.

Constatons enfin que M. Théron, juge au tribunal de Cahors, conserve les portraits de plusieurs membres de la famille Hauteserre, et notamment celui de Jérôme si miraculeusement sauvé par le Suaire.